Impressum
Verlag: BABADADA GmbH, Nedderfeld 112 , 22529 Hamburg
Geschäftsführer / Verlagsleitung: Harald Hof
Druck: Books on Demand GmbH, In de Tarpen 42, 22848 Norderstedt

Imprint
Publisher: BABADADA GmbH, Nedderfeld 112 , 22529 Hamburg, Germany
Managing Director / Publishing direction: Harald Hof
Print: Books on Demand GmbH, In de Tarpen 42, 22848 Norderstedt, Germany

学校

escola

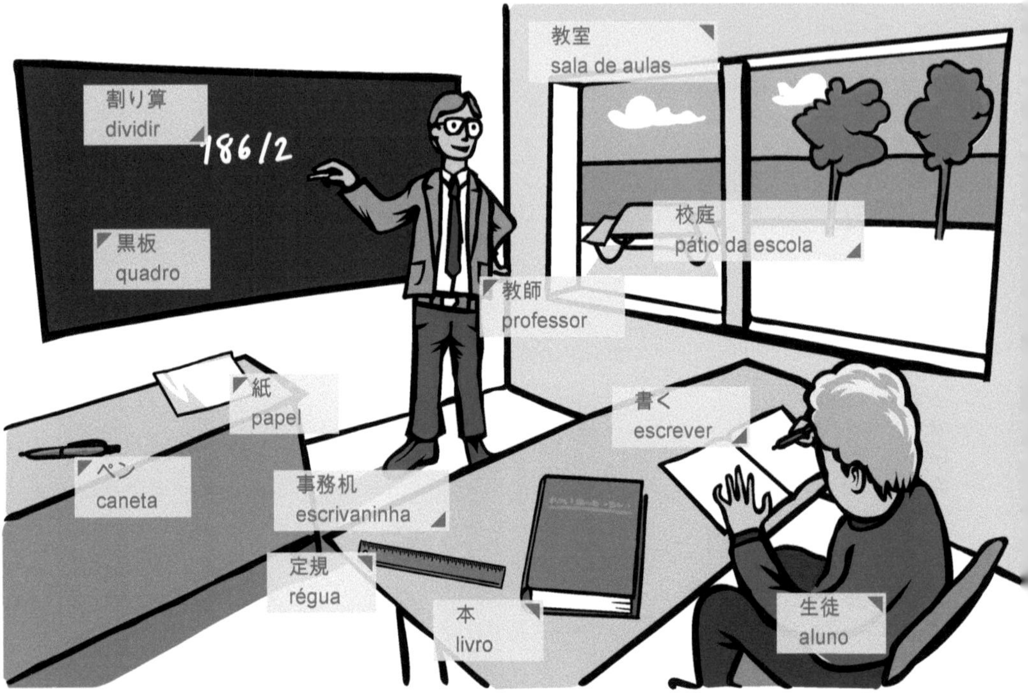
教室
sala de aulas
割り算
dividir
186/2
黒板
quadro
校庭
pátio da escola
教師
professor
紙
papel
書く
escrever
ペン
caneta
事務机
escrivaninha
定規
régua
本
livro
生徒
aluno

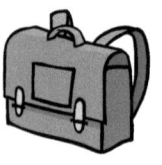

ランドセル

sacola

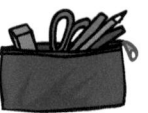

筆入れ

estojo de lápis

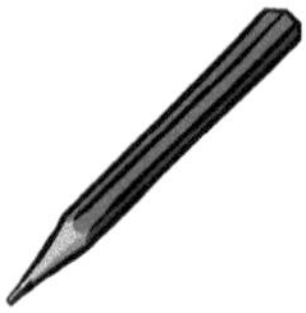

鉛筆

lápis

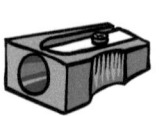

鉛筆削り

apontador de lápis

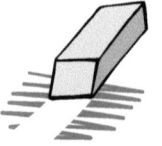

消しゴム

borracha

スケッチブック

bloco de desenho

スケッチ
desenho

絵筆
pincel

絵の具箱
estojo de tintas

はさみ
tesoura

接着剤
cola

練習帳
livro de exercícios

宿題
lição de casa

12

数
número

2+2

足し算
somar

5-2

引き算
subtrair

2×2

かけ算
multiplicar

計算する
calcular

A

文字
letra

ABCDEFG
HIJKLMN
OPQRSTU
VWXYZ

アルファベット
alfabeto

hello

単語
palavra

テキスト

texto

読む

ler

チョーク

giz

授業

hora

学級日誌

registro da classe

試験

exame

通知表

certificado

制服

uniforme escolar

教育

educação

百科事典

enciclopédia

大学

universidade

顕微鏡

microscópio

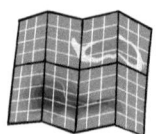

地図

mapa

ごみ箱

cesto de lixo

旅行

viagem

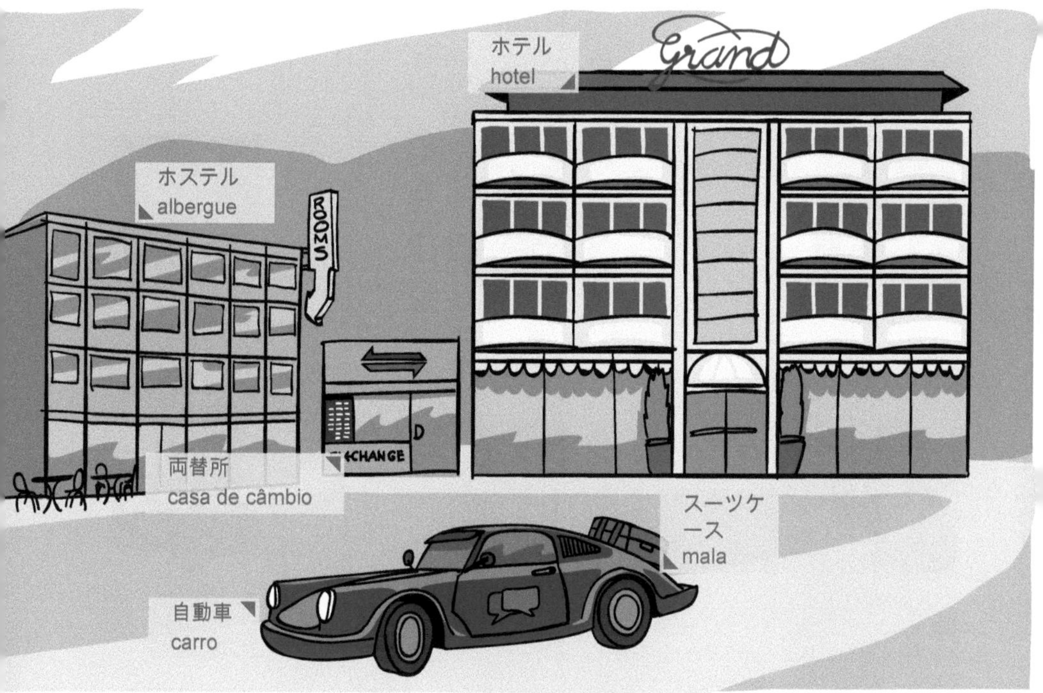
ホテル
hotel
Grand
ホステル
albergue
ROOMS
両替所
casa de câmbio
EXCHANGE
スーツケース
mala
自動車
carro

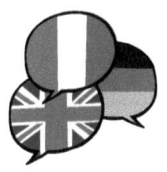

言語

idioma

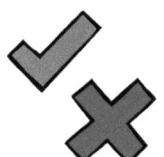

はい / いいえ

sim / não

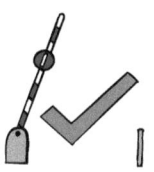

問題ない

ok

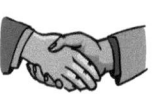

ハロー

Olá

翻訳者

tradutor

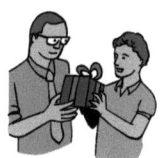

ありがとう

obrigado

…はいくらですか？

quanto custa…?

わかりません

eu não entendo

問題

problema

こんばんは！

boa noite!

おはようございます！

Bom dia!

おやすみなさい！

Boa noite!

さようなら

até logo

方向

direção

手荷物

bagagem

バッグ

bolsa

リュックサック

mochila

お客様

convidado

部屋

quarto

寝袋

saco de dormir

テント

barraca

旅行者情報

informação turística

ビーチ

praia

クレジットカード

cartão de crédito

朝食

café da manhã

昼食

almoço

夕食

jantar

チケット

bilhete

エレベーター

elevador

スタンプ

selo

境界

fronteira

税関

alfândega

大使館

embaixada

ビザ

visto

パスポート

passaporte

輸送

transporte

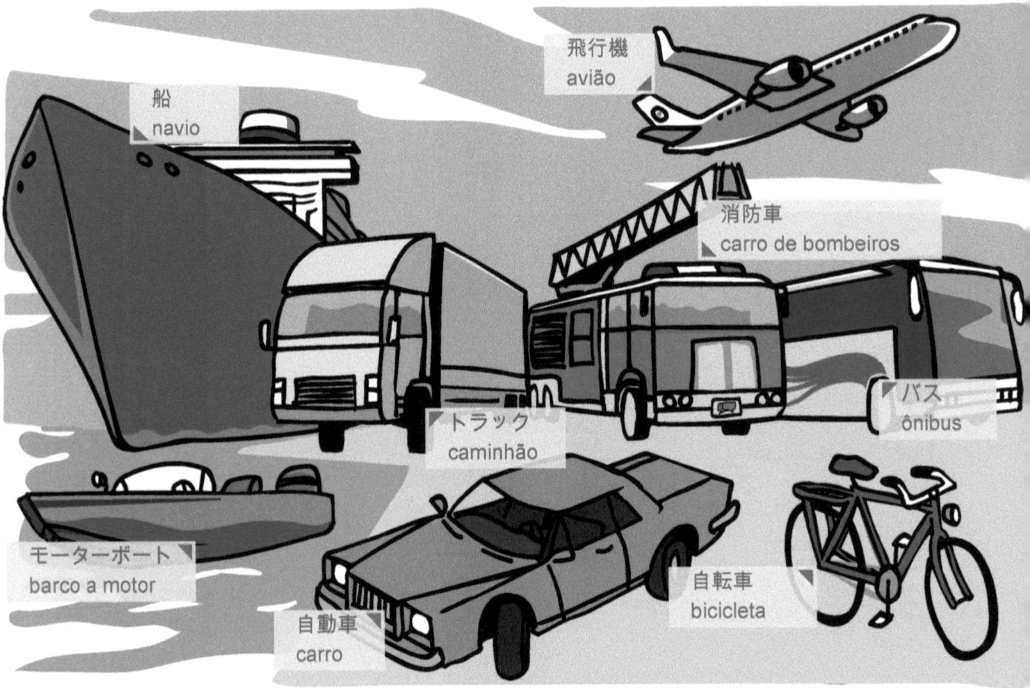

飛行機
avião
船
navio
消防車
carro de bombeiros
バス
ônibus
トラック
caminhão
モーターボート
barco a motor
自転車
bicicleta
自動車
carro

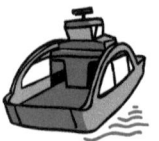

フェリー
balsa

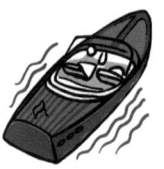

ボート
barco

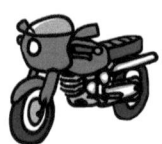

バイク
motocicleta

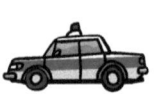

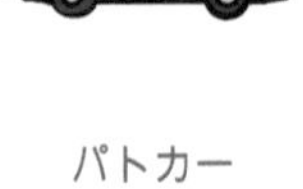

パトカー
veículo policial

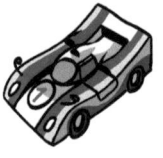

レーシングカー
carro de corrida

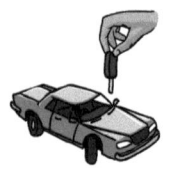

レンタカー
carro de aluguel

カーシェアリング

compartilhamento de
automóvel

レッカー車

caminhão de reboque

ごみ収集車

caminhão de lixo

モーター

motor

燃料

combustível

ガソリンスタンド

posto de gasolina

交通標識

placa de trânsito

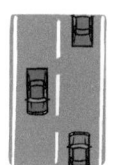

交通

trânsito

渋滞

trânsito lento

駐車場

estacionamento

駅

estação de trem

道

trilhos

列車

trem

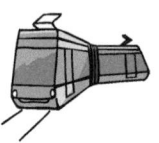

路面電車

bonde

車両

vagão

ヘリコプター

helicóptero

空港

aeroporto

タワー

torre

乗客

passageiro

コンテナ

contêiner

段ボール箱

cartolina

カート

carroça

カゴ

cesto

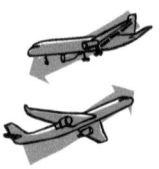

離陸 / 着陸

decolar / pousar

都市

cidade

村

vilarejo

都心

centro da cidade

家

casa

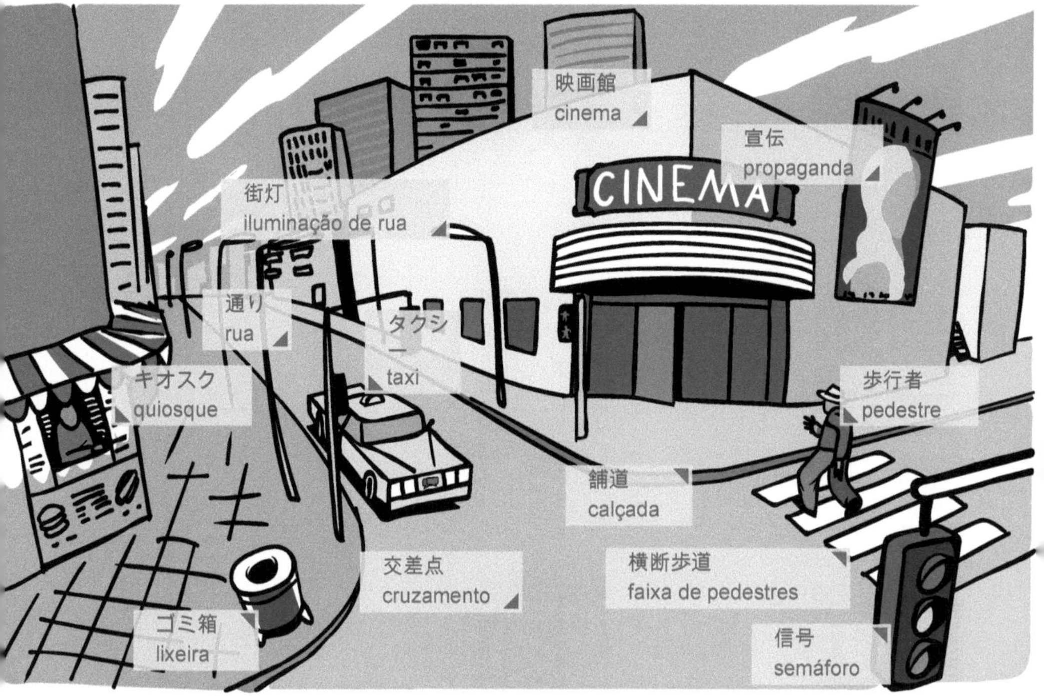

映画館
cinema

宣伝
propaganda

街灯
iluminação de rua

通り
rua

タクシー
taxi

キオスク
quiosque

歩行者
pedestre

舗道
calçada

交差点
cruzamento

横断歩道
faixa de pedestres

ゴミ箱
lixeira

信号
semáforo

小屋
cabana

アパート
apartamento

駅
estação de trem

市役所
prefeitura

美術館
museu

学校
escola

都市 - cidade

大学

universidade

銀行

banco

病院

hospital

ホテル

hotel

薬局

farmácia

オフィス

escritório

書店

livraria

ショップ

loja

花屋

floricultura

スーパーマーケット

supermercado

市場

mercado

デパート

loja de departamentos

魚屋

peixaria

ショッピングセンター

centro comercial

港

porto

都市 - cidade

公園

parque

ベンチ

banco

橋

ponte

階段

escadas

地下鉄

metrô

トンネル

túnel

バス停

ponto de ônibus

バー

bar

レストラン

restaurante

ポスト

caixa de correspondência

道路標識

placa de rua

パーキングメーター

parquímetro

動物園

zoológico

スイミングプール

piscina

モスク

mesquita

農場

fazenda

汚染

poluição

墓地

cemitério

教会

igreja

遊び場

parquinho

寺

templo

風景

paisagem

葉
folha

道標
placa de sinalização

道
caminho

草地
gramado

石
pedra

木
árvore

ハイカー
caminhantes

川
rio

草
grama

花
flor

谷
vale

山
montanha

湖
lago

森
floresta

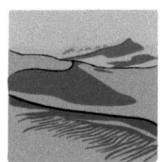

砂漠
deserto

火山
vulcão

城
castelo

虹
arco-íris

キノコ
cogumelo

ヤシの木
palmeira

蚊
mosquito

ハエ
mosca

蟻
formiga

ミツバチ
abelha

クモ
aranha

カブトムシ

besouro

蛙

sapo

リス

esquilo

ハリネズミ

ouriço

ウサギ

lebre

フクロウ

coruja

鳥

pássaro

白鳥

cisne

雄豚

javali

鹿

veado

ヘラジカ

alce

ダム

barragem

風力タービン

aerogerador

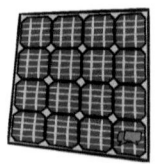

ソーラーパネル

painel solar

気候

clima

レストラン
restaurante

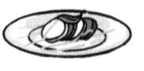

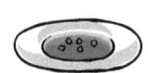

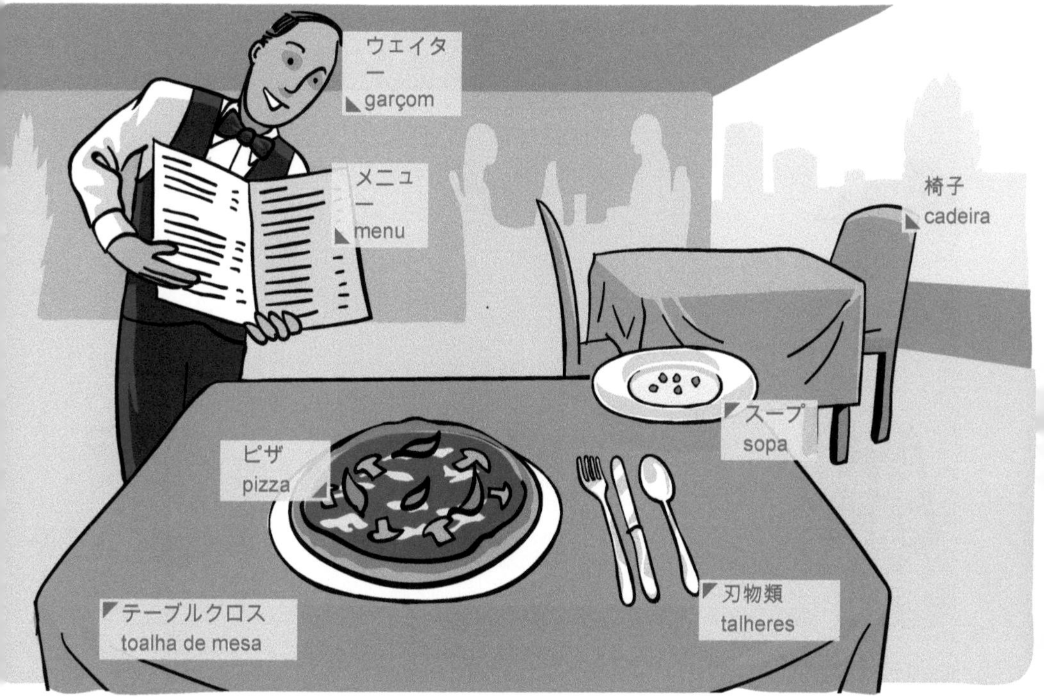
ウェイタ
ー
garçom
メニュ
ー
menu
椅子
cadeira
スープ
sopa
ピザ
pizza
刃物類
talheres
テーブルクロス
toalha de mesa

前菜

entrada

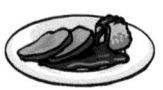

メインコース

prato principal

デザート

sobremesa

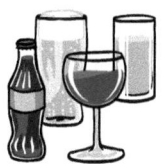

飲み物

bebidas

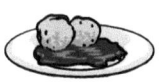

食べ物

comida

ボトル

garrafa

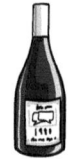

ファストフード

fastfood

屋台の食べ物

comida de rua

ティーポット

bule de chá

砂糖入れ

açucareiro

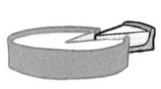

一人前

porção

エスプレッソマシン

máquina de expresso

幼児用食事椅子

cadeirão

請求書

conta

トレー

bandeja

ナイフ

faca

フォーク

garfo

スプーン

colher

ティースプーン

colher de chá

ナプキン

guardanapo

グラス

copo

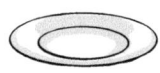

皿
prato

スープ皿
prato de sopa

受け皿
pires

ソース
molho

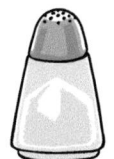

塩入れ
saleiro

ペッパーミル
moedor de pimenta

酢
vinagre

油
óleo

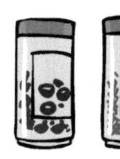

スパイス
especiarias

ケチャップ
ketchup

マスタード
mostarda

マヨネーズ
maionese

スーパーマーケット

supermercado

特価品
oferta especial
FOR
顧客
cliente
乳製品
laticínios
果物
frutas
ショッピング・カート
carrinho de compras

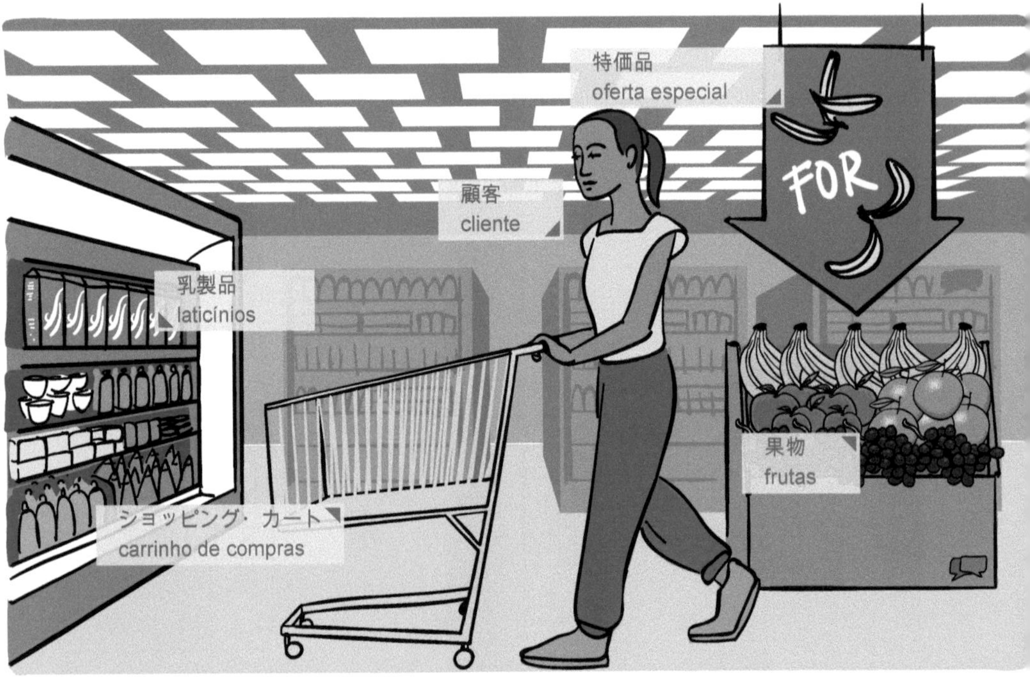

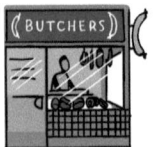

BUTCHERS

肉屋

açougue

BAKERY

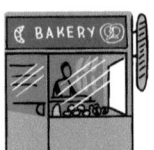

パン屋

padaria

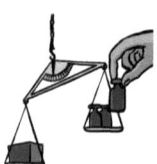

重さをはかる

pesar

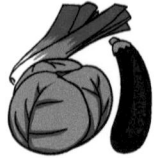

野菜

legumes

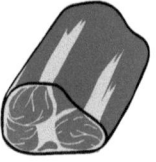

肉

carne

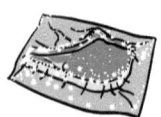

冷凍食品

congelados

冷肉の薄切り

charcutaria

缶詰食品

conservas

洗剤

detergente em pó

菓子

doces

家庭用品

artigos domésticos

清掃用品

produtos de limpeza

販売員

vendedora

現金箱

caixa

レジ係

caixa

買い物リスト

lista de compras

開館時刻

horário de funcionamento

財布

carteira

クレジットカード

cartão de crédito

バッグ

sacola

ポリ袋

saco plástico

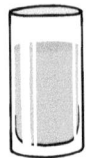

水

água

ジュース

suco

牛乳

leite

コーラ

coca-cola

ワイン

vinho

ビール

cerveja

アルコール

álcool

ココア

cacau

紅茶

chá

コーヒー

café

エスプレッソ

expresso

カプチーノ

cappuccino

バナナ

banana

リンゴ

maçã

オレンジ

laranja

メロン

melão

レモン

limão

ニンジン

cenoura

ニンニク

alho

竹

bambu

玉ねぎ

cebola

キノコ

cogumelo

ナッツ

nozes

ヌードル

macarrão

スパゲッティ

espaguete

米

arroz

サラダ

salada

フライドポテト

batatas fritas

フライドポテト

batatas frias

ピザ

pizza

ハンバーガー

hambúrger

サンドウィッチ

sanduíche

カツレツ

escalope

ハム

presunto

サラミ

salame

ソーセージ

salsicha

鶏肉

galinha

焼き

assado

魚

peixe

麦のお粥

flocos de aveia

ムーズリ

granola

コーンフレーク

flocos de milho

小麦粉

farinha

クロワッサン

croissant

ロールパン

pãozinho

パン

pão

トースト

torrada

ビスケット

biscoitos

バター

manteiga

カッテージチーズ

requeijão

ケーキ

bolo

卵

ovo

目玉焼き

ovo frito

チーズ

queijo

食べ物 - comida

アイスクリーム

sorvete

砂糖

açúcar

はちみつ

mel

ジャム

geleia

ヌガークリーム

creme de avelãs

カレー

curry

農場
fazenda

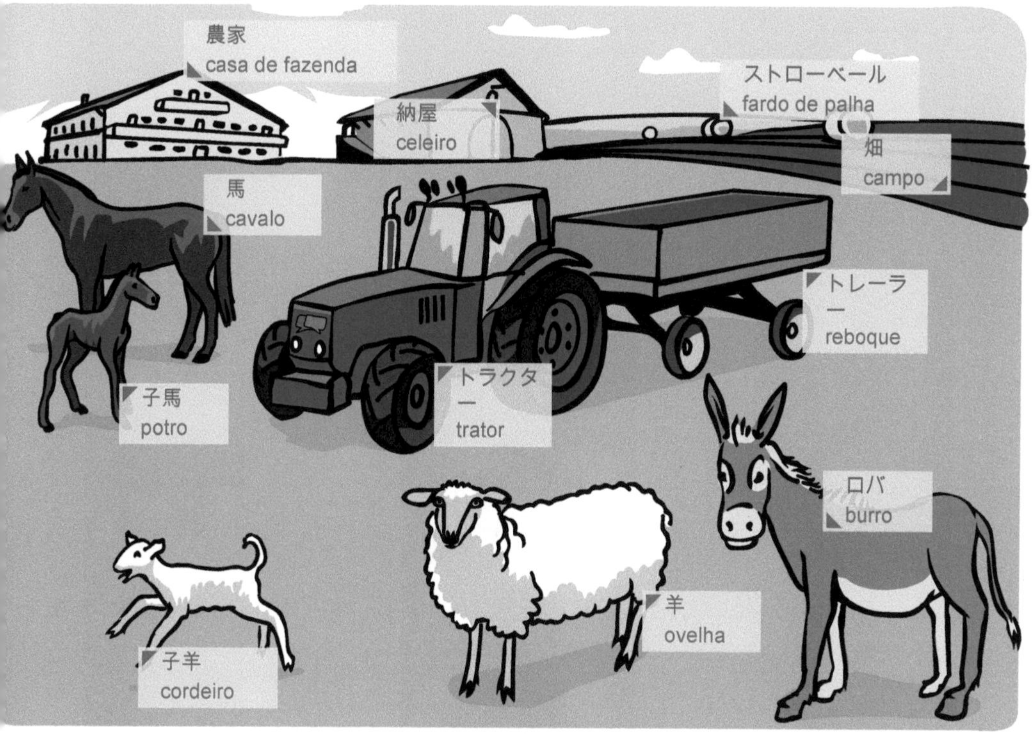
農家
casa de fazenda
納屋
celeiro
ストローベール
fardo de palha
畑
campo
馬
cavalo
トレーラー
reboque
子馬
potro
トラクター
trator
ロバ
burro
羊
ovelha
子羊
cordeiro

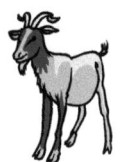

ヤギ
cabra

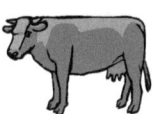

雌牛
vaca

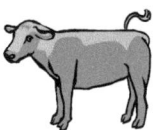

子牛
bezerro

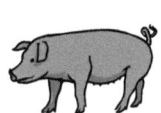

豚
porco

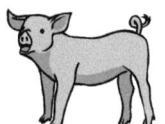

子豚
leitão

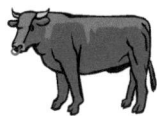

雄牛
touro

ガチョウ

ganso

アヒル

pato

ひよこ

pintinho

にわとり

galinha

おんどり

galo

ネズミ

ratazana

猫

gato

ねずみ

camundongo

雄牛

boi

犬

cachorro

犬小屋

casinha do cachorro

散水ホース

mangueira de jardim

じょうろ

regador

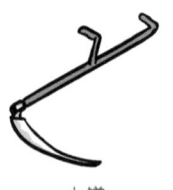

大鎌

foice

すき

arado

草刈り鎌
foice

くわ
enxada

堆肥用フォーク
forquilha

斧
machado

手押し車
carrinho de mão

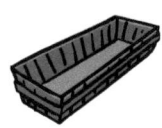

かいばおけ
manjedoura

牛乳缶
jarra de leite

袋
saco

フェンス
cerca

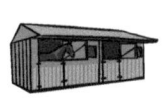

畜舎
estábulo

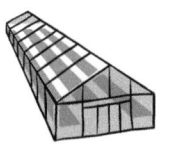

温室
estufa

土壌
solo

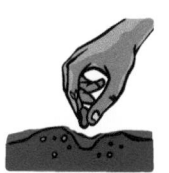

種
semente

肥料
fertilizante

コンバイン
colheitadeira

収穫する

colher

収穫

colheita

ヤマイモ

inhame

小麦

trigo

大豆

soja

じゃがいも

batata

トウモロコシ

milho

菜種

colza

果樹

árvore frutífera

キャッサバ

mandioca

穀物

cereais

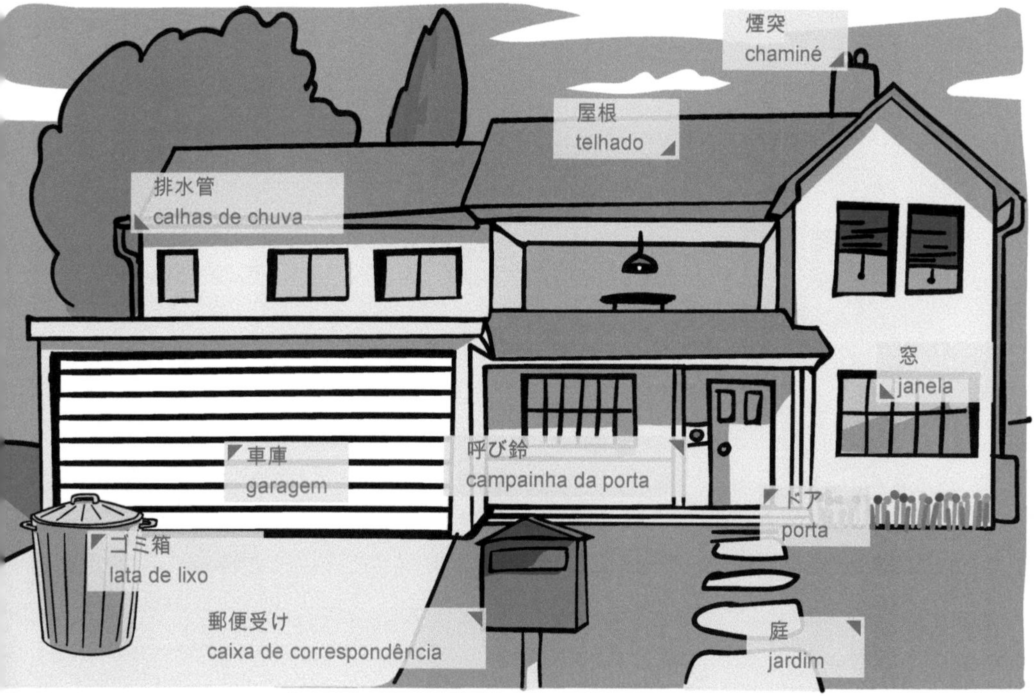

煙突
chaminé

屋根
telhado

排水管
calhas de chuva

窓
janela

車庫
garagem

呼び鈴
campainha da porta

ドア
porta

ゴミ箱
lata de lixo

郵便受け
caixa de correspondência

庭
jardim

リビングルーム

sala de estar

浴室

banheiro

台所

cozinha

寝室

quarto de dormir

子供部屋

quarto de criança

ダイニング・ルーム

sala de jantar

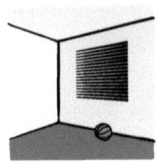

床
chão

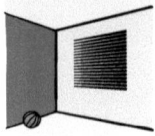

壁
parede

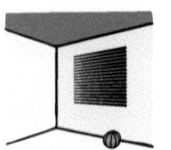

天井
teto

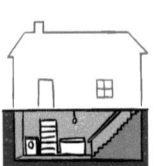

地下貯蔵庫
porão

サウナ
sauna

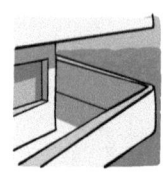

バルコニー
varanda

テラス
terraço

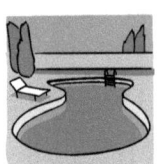

プール
piscina

芝刈り機
cortador de grama

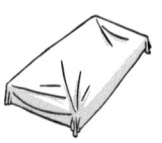

シーツ
lençol

ベッドカバー
coberta

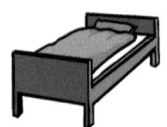

ベッド
cama

ほうき
vassoura

バケツ
balde

スイッチ
interruptor

リビングルーム
sala de estar

壁紙
papel de parede
絵
quadro
ランプ
lâmpada
棚
prateleira
食器棚
armário
テレビ
televisão
暖炉
lareira
花
flor
クッション
travesseiro
ソファ
sofá
花瓶
vaso
リモコン
controle remoto

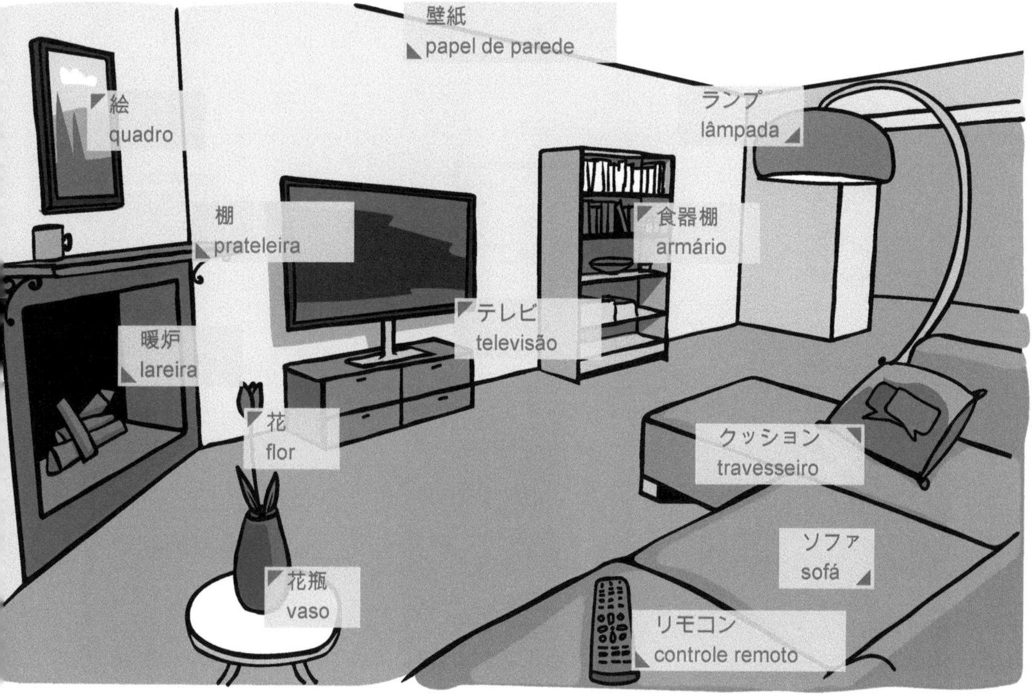

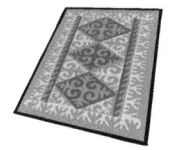

カーペット

tapete

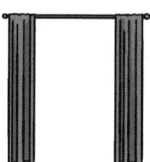

カーテン

cortina

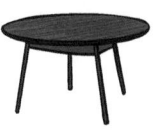

テーブル

mesa

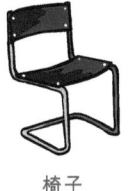

椅子

cadeira

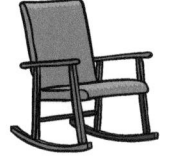

ロッキングチェア

cadeira de balanço

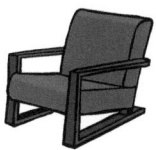

ひじ掛け椅子

poltrona

本
livro

毛布
cobertor

飾り
decoração

たきぎ
lenha

映画
filme

ステレオ
equipamento de som

鍵
chave

新聞
jornal

絵画
pintura

ポスター
pôster

ラジオ
rádio

メモ帳
bloco de notas

掃除機
aspirador

サボテン
cacto

ろうそく
vela

台所

cozinha

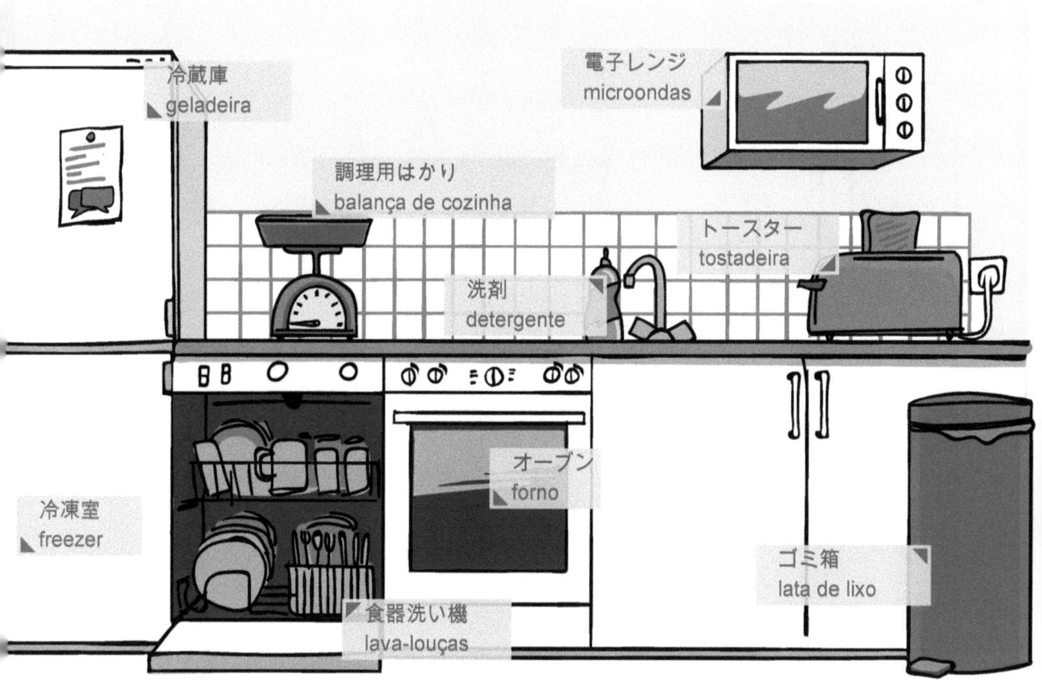
冷蔵庫
geladeira
電子レンジ
microondas
調理用はかり
balança de cozinha
トースター
tostadeira
洗剤
detergente
オーブン
forno
冷凍室
freezer
ゴミ箱
lata de lixo
食器洗い機
lava-louças

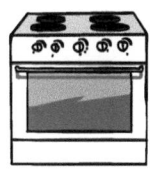

こんろ

fogão

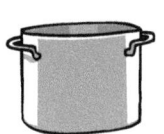

鍋

panela

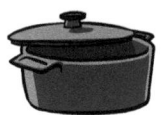

鉄鍋

panela de ferro

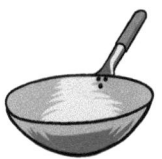

中華鍋/ カダイ鍋

wok / kadai

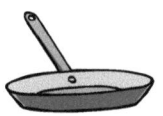

フライパン

frigideira

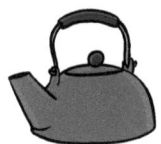

やかん

chaleira

蒸し器

panela a vapor

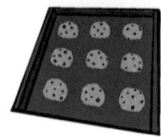

天板

tabuleiro de forno

食器

louça

マグカップ

caneca

ボウル

caçarola

箸

hashi

おたま

concha de sopa

へら

espátula

泡立て器

batedor

こし器

escorredor

ふるい

peneira

すりおろし器

ralador

すり鉢

almofariz

バーベキュー

churrasqueira

かまど

lareira

まな板

tábua de cortar

麺棒

rolo da massa

栓抜き

saca-rolhas

缶

lata

缶切り

abridor de latas

鍋つかみ

pegador de panela

流し

pia

ブラシ

escova

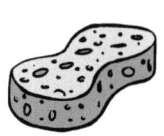

スポンジ

esponja

ミキサー

liquidificador

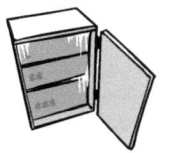

冷凍庫

congelador

哺乳瓶

mamadeira

蛇口

torneira

浴室

banheiro

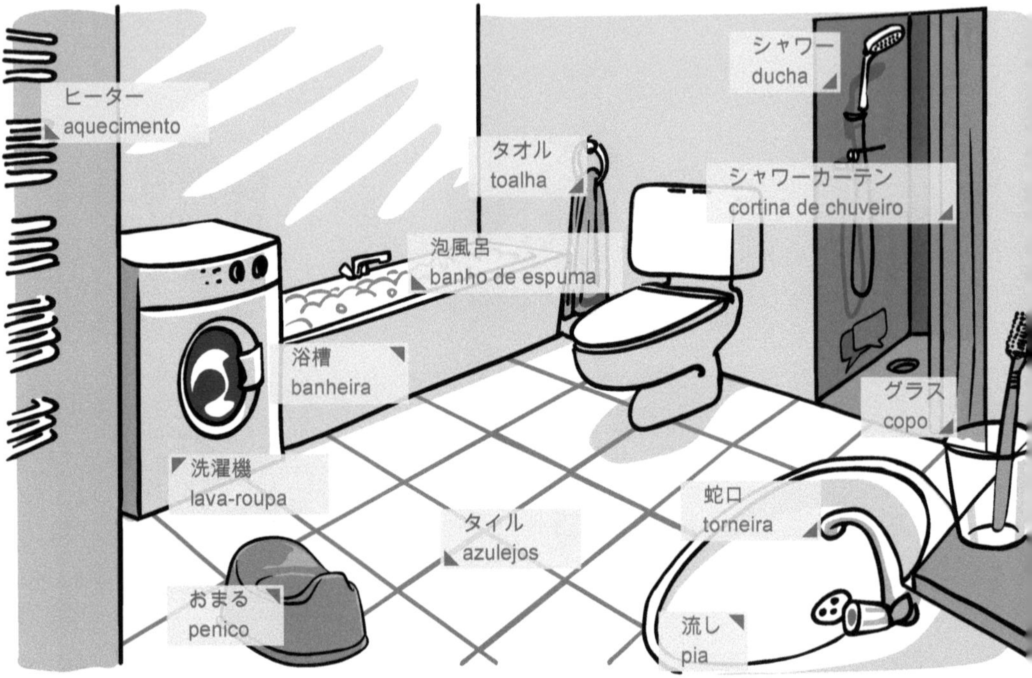

ヒーター
aquecimento
シャワー
ducha
タオル
toalha
シャワーカーテン
cortina de chuveiro
泡風呂
banho de espuma
浴槽
banheira
グラス
copo
洗濯機
lava-roupa
蛇口
torneira
タイル
azulejos
おまる
penico
流し
pia

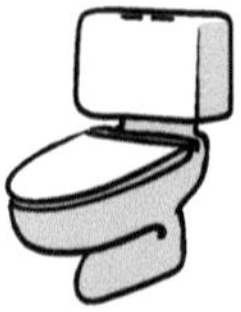

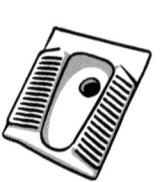

トイレ

vaso sanitário

和式トイレ

lavabo de agachar

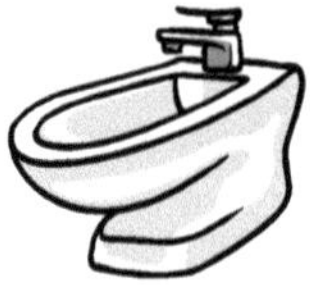

ビデ

bidê

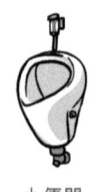

小便器

mictório

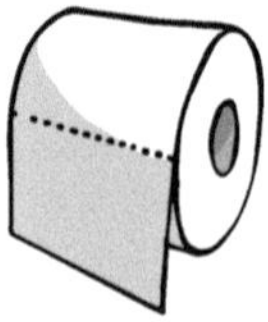

トイレットペーパー

papel higiênico

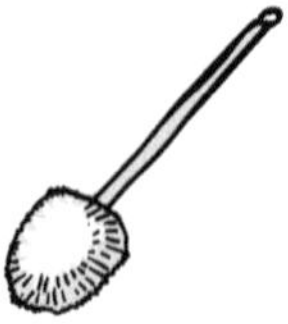

トイレブラシ

escova de privada

歯ブラシ

escova de dentes

歯みがき

pasta de dentes

デンタルフロス

fio dental

洗う

lavar

シャワーヘッド

ducha de mão

ハンドビデ

ducha íntima

洗面台

bacia

ボディブラシ

escova para as costas

石鹸

sabonete

シャワー用ジェル

gel de banho

シャンプー

xampu

浴用タオル

toalha de rosto

排水口

escoamento

クリーム

creme

消臭

desodorante

鏡

espelho

手鏡

espelho de mão

かみそり

barbeador

シェービング・フォーム

espuma de barbear

アフターシェーブローショ
ン

loção pós-barba

櫛

pente

ブラシ

escova

ドライヤー

secador de cabelo

ヘアスプレー

spray de cabelo

化粧

maquiagem

口紅

batom

マニキュア

esmalte de unhas

脱脂綿

algodão

爪切り

tesoura para unhas

香水

perfume

洗面用具入れ

nécessaire

スツール

banquinho

体重計

balança

バスローブ

roupão de banho

ゴム手袋

luvas de borracha

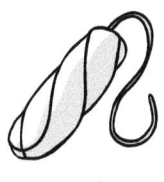

タンポン

absorvente interno

生理用ナプキン

absorvente íntimo

ケミカルトイレ

banheiro químico

子供部屋
quarto de criança

目覚まし時計
despertador
ぬいぐるみ
boneco de pelúcia
おもちゃの自動車
carrinho de brinquedo
がらがら
chacoalho
ドール・ハウス
casa de bonecas
プレゼント
presente

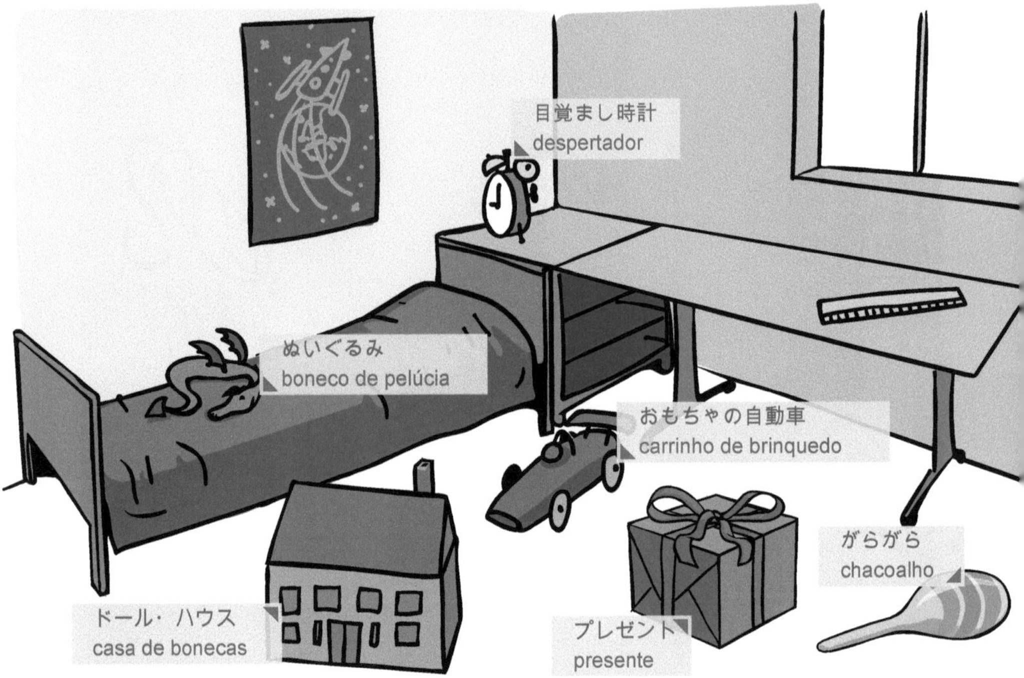

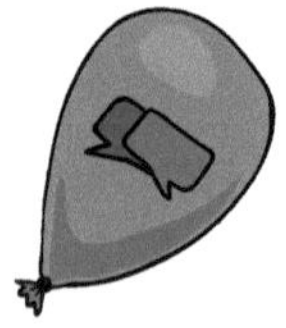

風船
balão

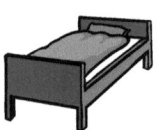

ベッド
cama

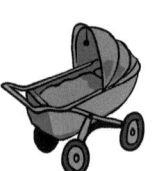

ベビーカー
carrinho de bebê

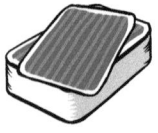

カードゲーム
jogo de cartas

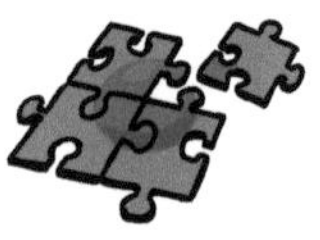

ジグソーパズル
quebra-cabeças

SUPER
MEGA

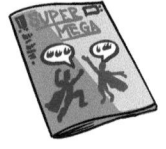

漫画
revista de quadrinhos

レゴ

peças de Lego

玩具ブロック

blocos de construção

アクションフィギュア

figura de ação

ロンパース

macaquinho de bebê

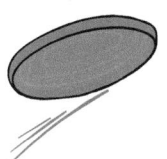

フリスビー

frisbee

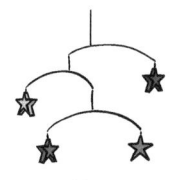

モバイル

móbile para bebé

ボードゲーム

jogo de tabuleiro

さいころ

dados

鉄道模型

trenzinho elétrico

おしゃぶり

chupeta

パーティー

festa

絵本

livro ilustrado

ボール

bola

人形

boneca

遊ぶ

brincar

砂場

caixa de areia

ブランコ

balanço

おもちゃ

brinquedos

ゲーム機

videogame

三輪車

triciclo

テディベア

ursinho de pelúcia

衣装ダンス

guarda-roupa

衣服

vestuário

靴下

meias

ストッキング

meias pelo joelho

タイツ

meias-calças

スカーフ
cachecol

ベルト
cinto

雨傘
guarda-chuva

Tシャツ
camiseta

スニーカー
tênis

ブーツ
botas

スリッパ
chinelos

サンダル
sandálias

靴
sapatos

ゴム長靴
botas de borracha

パンツ
roupa de baixo

ブラ
sutiã

ベスト
camiseta de baixo

衣服 - vestuário

ボディースーツ

body

ズボン

calças

ジーンズ

jeans

スカート

saia

ブラウス

blusa

シャツ

camisa

セーター

pulôver

パーカー

suéter com capuz

ブレザー

blazer

ジャケット

jaqueta

コート

casaco

レインコート

gabardine

服装

traje

ドレス

vestido

ウェディングドレス

vestido de casamento

スーツ

terno

ナイトガウン

camisola

パジャマ

pijama

サリー

sari

ヘッドスカーフ

lenço de cabeça

ターバン

turbante

ブルカ

burca

カフタン

cafetã

アバヤ

abaya

水着

maiô

トランクス

sunga

半ズボン

shorts

スウェットスーツ

roupa de treino

エプロン

avental

手袋

luvas

衣服 - vestuário

ボタン

botão

メガネ

óculos

ブレスレット

pulseira

ネックレス

colar

指輪

anel

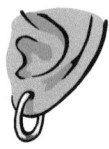

イヤリング

brinco

帽子

boné

ハンガー

cabide

帽子

chapéu

ネクタイ

gravata

ファスナー

zíper

ヘルメット

capacete

サスペンダー

suspensórios

制服

uniforme escolar

ユニフォーム

uniforme

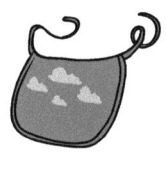

よだれかけ

babador

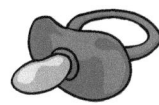

おしゃぶり

chupeta

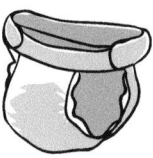

おむつ

fralda

オフィス
escritório

サーバ
servidor
書類キャビネット
armário de arquivos
プリンター
impressora
紙
papel
モニター
monitor
事務机
escrivaninha
マウス
mouse
フォルダー
pasta
キーボード
teclado
ごみ箱
cesto de lixo
コンピューター
computador
椅子
cadeira

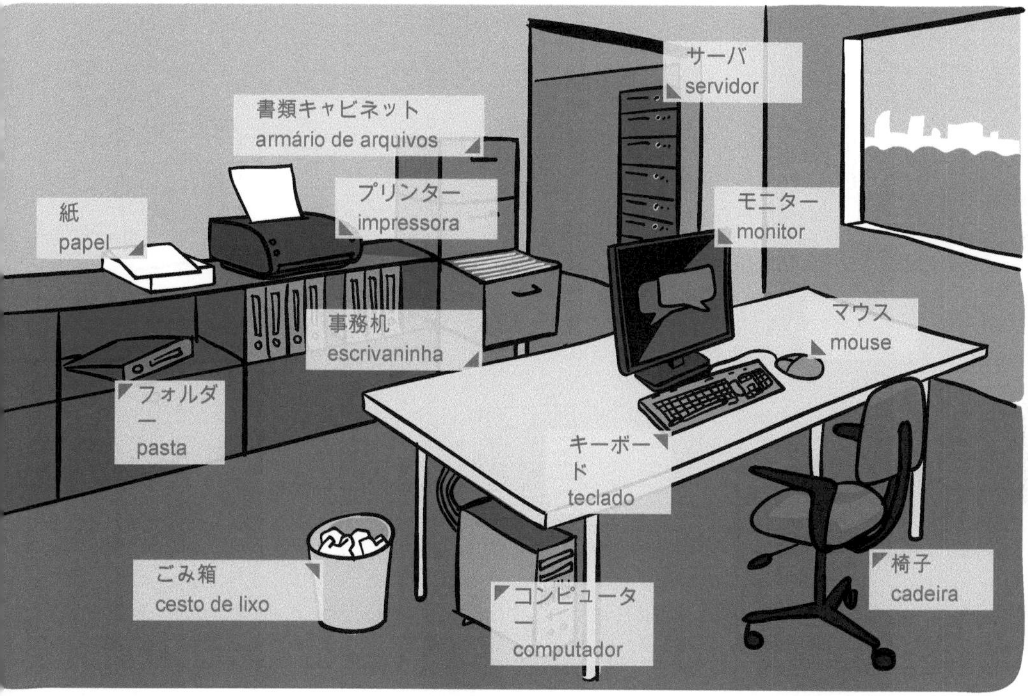

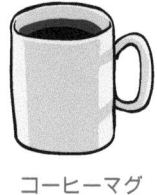

コーヒーマグ

xícara de café

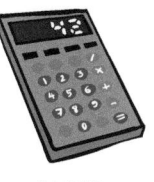

計算機

calculadora

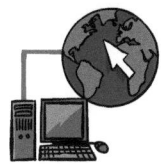

インターネット

internet

ラップトップ

laptop

手紙

carta

メッセージ

mensagem

携帯電話

celular

ネットワーク

rede

コピー機

copiadora

ソフトウェア

software

電話

telefone

コンセント

tomada

ファックス

fax

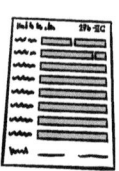

フォーム

formulário

書類

documento

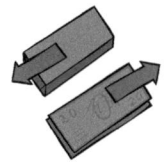

買う

comprar

支払う

pagar

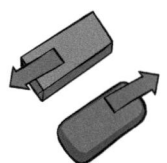

取引する

negociar

お金

dinheiro

ドル

Dólar

ユーロ

Euro

円

Yen

ルーブル

rublo

スイスフラン

franco suíço

人民元

renminbi yuan

ルピー

rupia

キャッシュポイント

caixa eletrônico

両替所

casa de câmbio

金

ouro

銀

prata

油

petróleo

エネルギー

energia

価格

preço

契約

contrato

税金

imposto

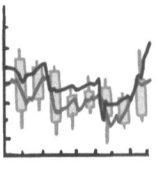

株

ação

働く

trabalhar

従業員

empregado

雇用主

empregador

工場

fábrica

ショップ

loja

警察官
policial

消防士
bombeiro

コック
cozinheiro

医師
médico

パイロット
piloto

庭師

jardineiro

大工

marceneiro

お針子

costureira

裁判官

juiz

化学者

químico

俳優

ator

バスの運転手

motorista de ônibus

タクシー運転手

motorista de táxi

漁師

pescador

掃除婦

faxineira

屋根ふき職人

telhador

ウェイター

garçom

ハンター

caçador

塗装工

pintor

パン屋

padeiro

電気工

eletricista

建設作業員

construtor

エンジニア

engenheiro

肉屋

açougueiro

配管工

encanador

郵便配達人

carteiro

軍人
soldado

建築家
arquiteto

レジ係
caixa

花屋
florista

美容師
cabelereiro

車掌
condutor

機械工
mecânico

キャプテン
capitão

歯科医
dentista

科学者
cientista

ラビ
rabino

イスラム導師
imam

修道士
monge

牧師
pastor

ferramentas

ハンマー
martelo

くぎ抜き
alicate

ドライバー
chave de fenda

懐中電灯
lanterna

スパナ
chave inglesa

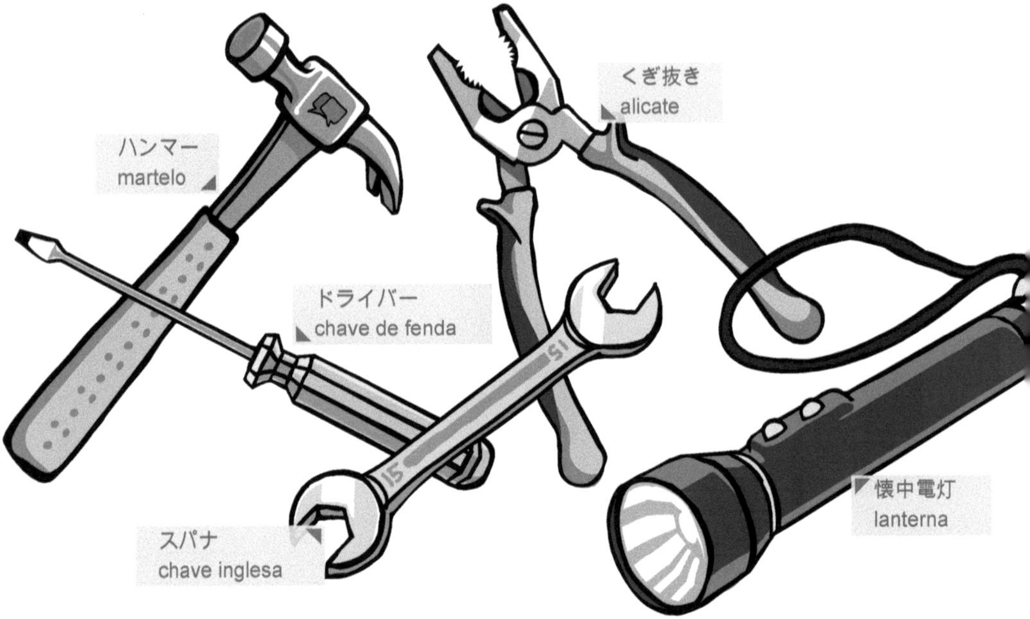

掘削機

escavadora

道具箱

caixa de ferramentas

はしご

escada de mão

のこぎり

serra

釘

pregos

ドリル

furadeira

修理する

consertar

シャベル

pá

クソ！

Droga!

ちりとり

pá de lixo

ペンキ缶

pote de tinta

ネジ

parafusos

楽器

instrumentos musicais

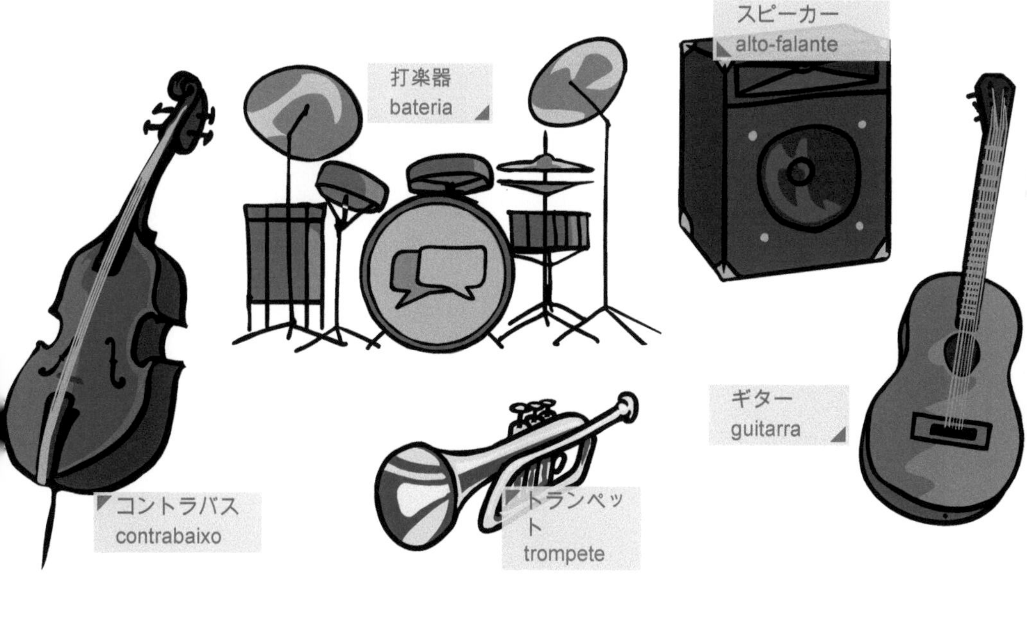

打楽器
bateria

スピーカー
alto-falante

ギター
guitarra

コントラバス
contrabaixo

トランペット
trompete

ピアノ

piano

バイオリン

violino

バス

baixo

ティンパニ

timbales

ドラム

tambor

キーボード

teclado

サックス

saxofone

フルート

flauta

マイクロフォン

microfone

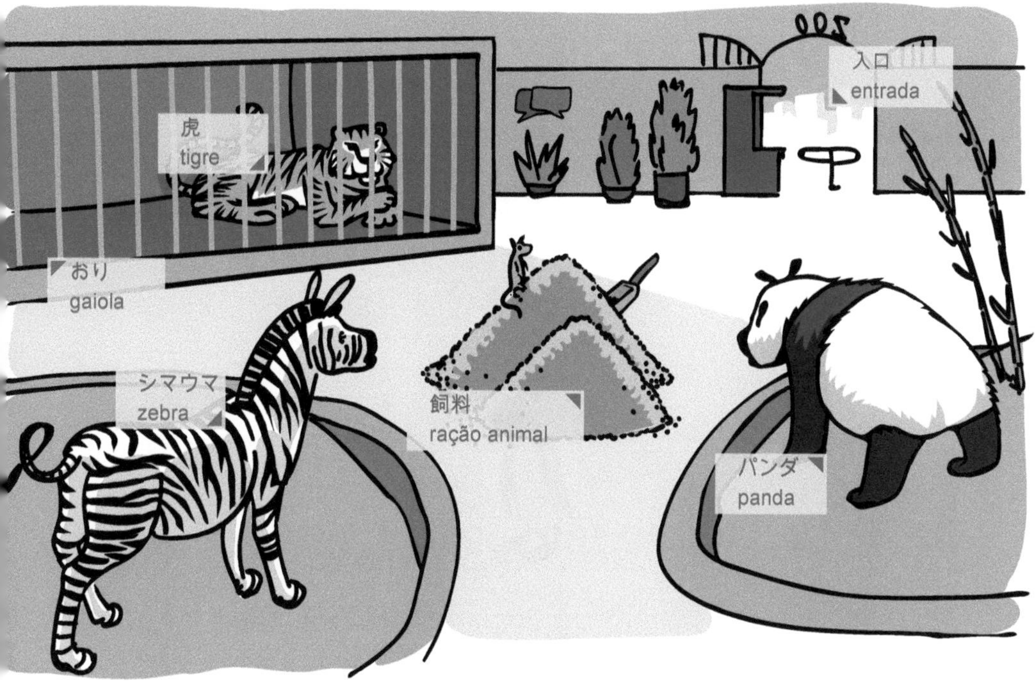
zoo
入口
entrada
虎
tigre
おり
gaiola
シマウマ
zebra
飼料
ração animal
パンダ
panda

動物
animais

象
elefante

カンガルー
canguru

サイ
rinoceronte

ゴリラ
gorila

熊
urso

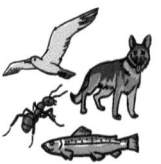

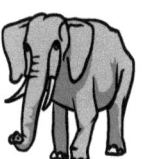

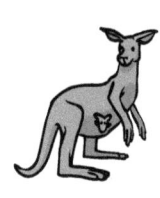

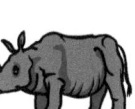

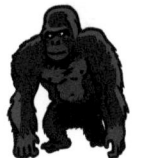

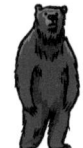

ラクダ

camelo

ダチョウ

avestruz

ライオン

leão

猿

macaco

フラミンゴ

flamingo

オウム

papagaio

白クマ

urso polar

ペンギン

pinguim

サメ

tubarão

クジャク

pavão

蛇

cobra

ワニ

crocodilo

飼育係

guarda do zoológico

アザラシ

foca

ジャガー

jaguar

ポニー

pônei

ヒョウ

leopardo

カバ

hipopótamo

キリン

girafa

鷲

águia

雄豚

javali

魚

peixe

亀

tartaruga

セイウチ

morsa

狐

raposa

ガゼル

gazela

動物園 - zoológico

アメフト
futebol americano

サイクリング
ciclismo

テニス
tênis

バスケット
ボール
basquete

水泳
natação

ボクシング
boxe

アイスホッケー
hóquei no gelo

サッカー

futebol

バドミントン

badminton

陸上競技

atletismo

ハンドボール

handebol

スキー

esqui

ポロ

polo

活動

atividades

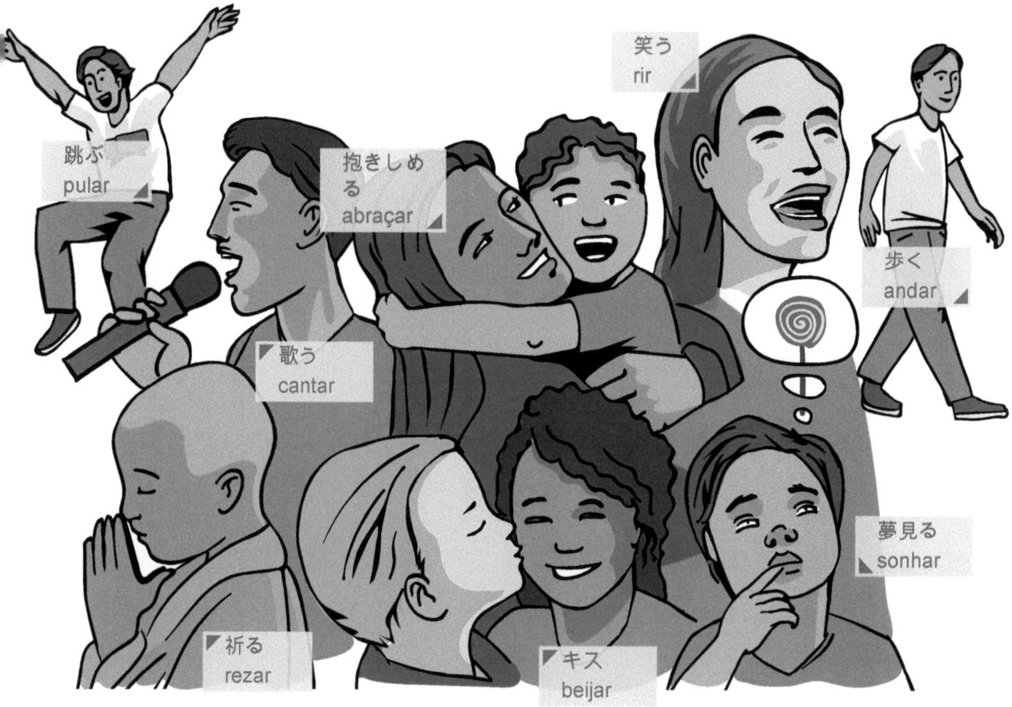
跳ぶ
pular
抱きしめる
abraçar
笑う
rir
歩く
andar
歌う
cantar
夢見る
sonhar
祈る
rezar
キス
beijar

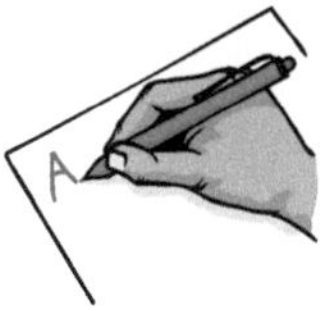

書く

escrever

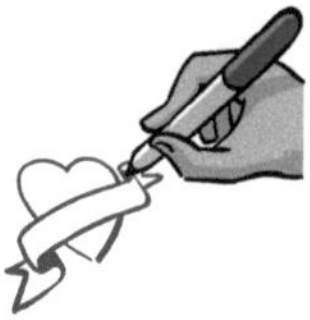

描く

desenhar

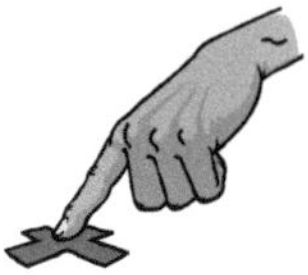

示す

mostrar

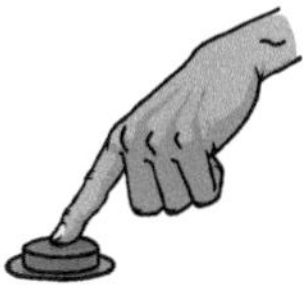

押す

empurrar

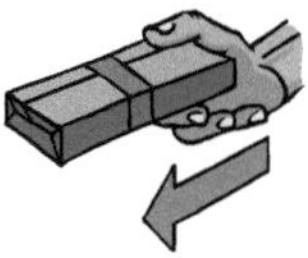

与える

dar

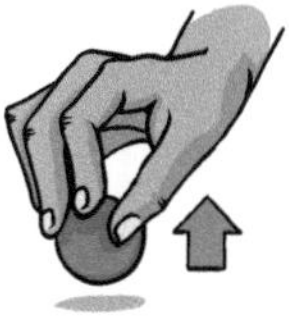

取る

tomar

持っている

ter

する

fazer

ある

ser

立つ

ficar de pé

走る

correr

引く

puxar

投げる

jogar

落ちる

cair

横たわっている

deitar

待つ

esperar

運ぶ

carregar

座る

sentar

着る

vestir

眠る

dormir

目が覚める

despertar

見る

olhar para

泣く

chorar

なでる

acariciar

櫛ですく

pentear

話す

falar

理解する

entender

質問する

perguntar

聞く

ouvir

飲む

beber

食べる

comer

片づける

arrumar

愛する

amar

料理する

cozinhar

運転する

dirigir

飛ぶ

voar

活動 - atividades

ヨットに乗る

velejar

計算する

calcular

読む

ler

学ぶ

aprender

働く

trabalhar

結婚する

casar

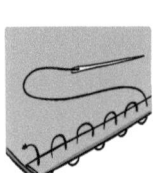

縫う

costurar

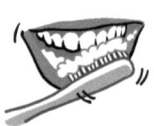

歯を磨く

escovar os dentes

殺す

matar

喫煙する

fumar

送る

enviar

祖母
avó

赤ん坊
bebê

母
mãe

祖父
avô

娘
filha

父
pai

息子
filho

お客様
convidado

おば
tia

おじ
tio

兄弟
irmão

姉妹
irmã

体

corpo

ひたい
testa
目
olho
肩
ombro
指
dedo
顔
rosto
あご
queixo
手
mão
胸
peito
脚
perna
腕
braço

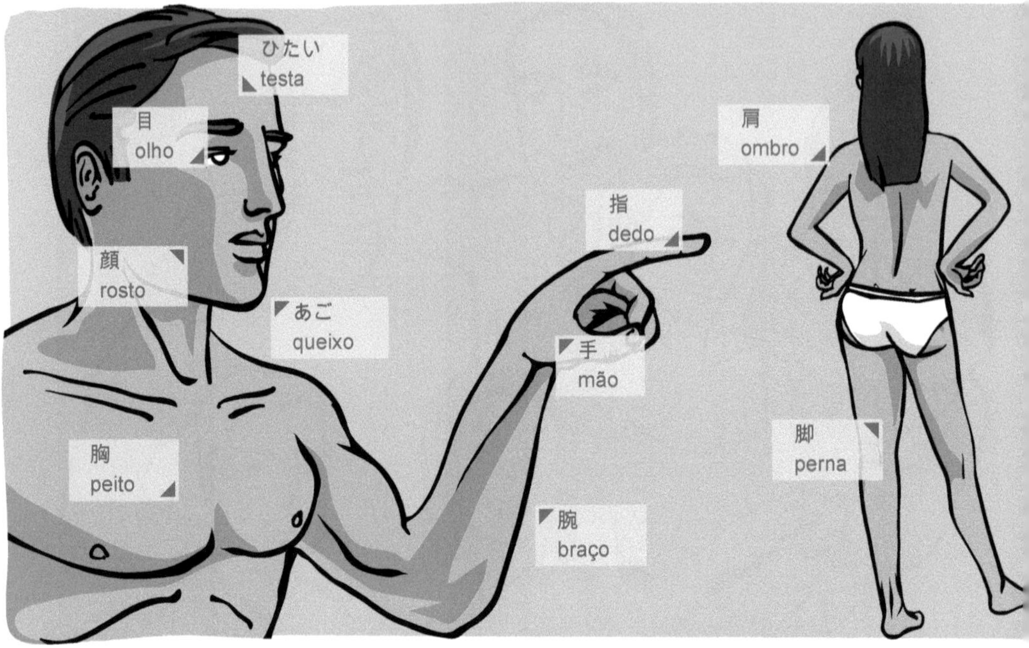

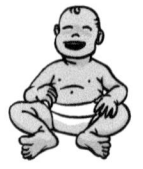

赤ん坊

bebê

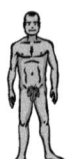

男性

homem

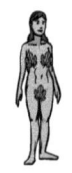

女性

mulher

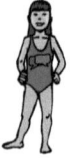

少女

menina

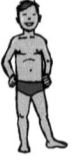

少年

menino

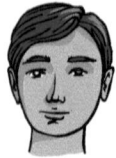

頭

cabeça

背中

costas

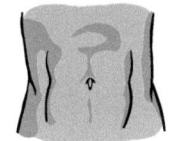

腹

barriga

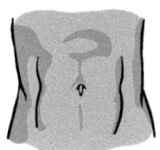

へそ

umbigo

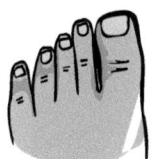

足指

dedo do pé

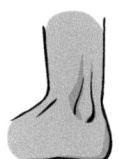

かかと

calcanhar

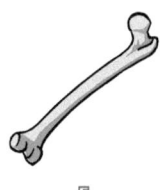

骨

osso

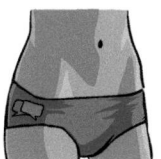

腰

anca

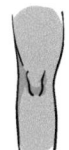

ひざ

joelho

ひじ

cotovelo

鼻

nariz

尻

nádegas

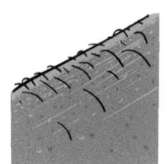

皮膚

pele

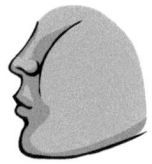

頬

bochecha

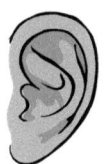

耳

orelha

唇

lábio

体 - corpo

口
boca

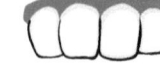

歯
dente

舌
língua

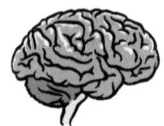

脳
cérebro

心臓
coração

筋肉
músculo

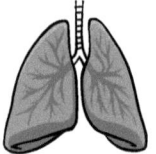

肺
pulmão

肝臓
fígado

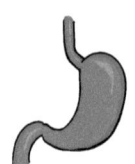

胃
estômago

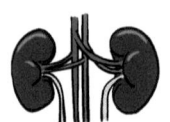

腎臓
rins

セックス
relações sexuais

コンドーム
preservativo

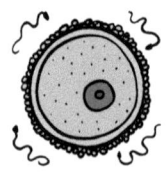

卵細胞
óvulo

精液
esperma

妊娠
gravidez

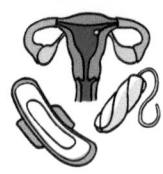

月経

menstruação

膣

vagina

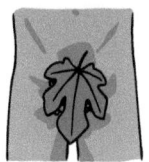

ペニス

pênis

眉

sobrancelha

髪

cabelo

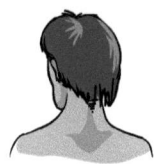

首

pescoço

病院

hospital

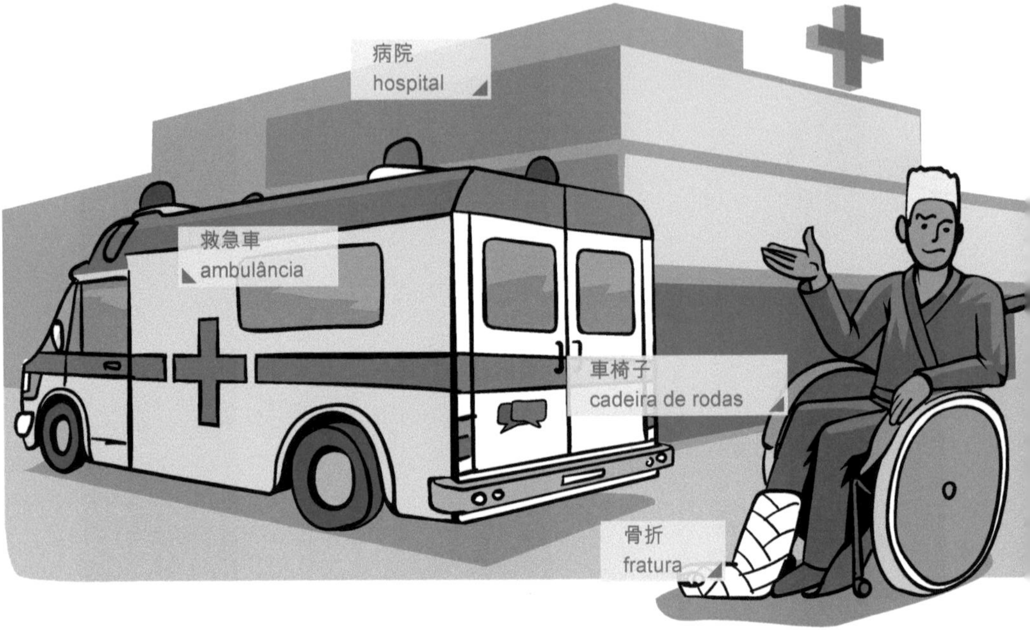

病院
hospital
救急車
ambulância
車椅子
cadeira de rodas
骨折
fratura

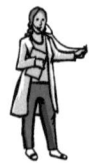

医師

médico

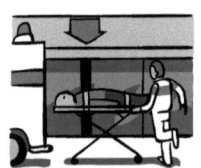

救急治療室

pronto-socorro

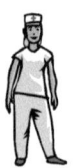

看護師

enfermeira

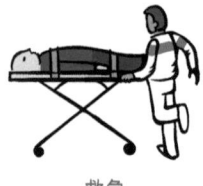

救急

emergência

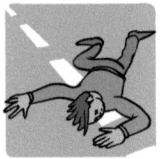

失神

inconsciente

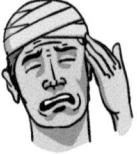

痛み

dor

けが

ferimento

出血

hemorragia

心臓発作

ataque cardíaco

脳卒中

acidente vacular cerebral

アレルギー

alergia

咳

tosse

熱

febre

インフルエンザ

gripe

下痢

diarreia

頭痛

dor de cabeça

癌

câncer

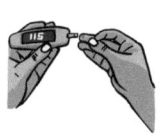

糖尿病

diabetes

外科医

cirurgião

外科用メス

bisturi

手術

operação

CT

CT

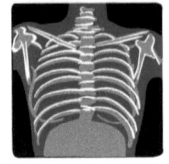

レントゲン

raio x

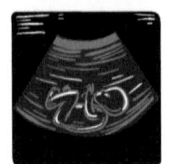

超音波

ultrassom

マスク

máscara

病気

doença

待合室

sala de espera

松葉づえ

muleta

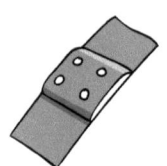

ばんそうこう

bandeide

包帯

ligadura

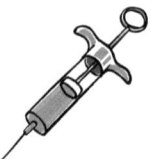

注射

injeção

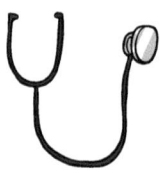

聴診器

estetoscópio

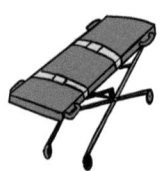

担架

maca

体温計

termômetro

出産

nascimento

肥満

excesso de peso

補聴器
aparelho auditivo

消毒剤
desinfetante

感染
infecção

ウイルス
vírus

HIV / エイズ
HIV / AIDS

内服薬
medicamento

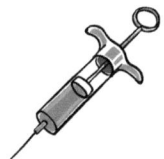

予防接種
vacinação

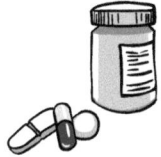

錠剤
comprimidos

ピル
pílula

緊急電話
chamada de emergência

血圧計
dispositivo de medição de
pressão arterial

病気の / 健康な
doente / saudável

助けて！

Socorro!

アラーム

alarme

暴行

assalto

攻撃

ataque

危険

perigo

非常口

saída de emergência

火事だ！

Fogo!

消火器

extintor de incêndios

事故

acidente

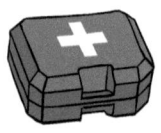

救急箱

maleta de primeiros socorros

SOS

SOS

警察

polícia

ヨーロッパ

Europa

北米

América do Norte

南米

América do Sul

アフリカ

África

アジア

Ásia

オーストラリア

Austrália

大西洋

Atlântico

太平洋

Pacífico

インド洋

Oceano Índico

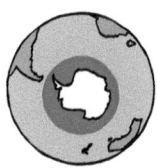

南極海

Oceano Antártico

北極海

Oceano Ártico

北極

Polo Norte

南極
Polo Sul

南極大陸
Antártica

地球
Terra

陸
terra

海
mar

島
ilha

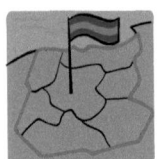

国家
nação

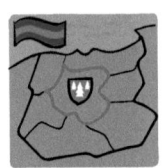

国家
estado

文字盤

mostrador do relógio

短針

ponteiro das horas

長針

ponteiro dos minutos

秒針

ponteiro dos segundos

何時ですか？

Que horas são?

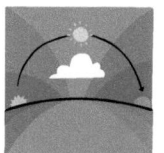

日

dia

時間

tempo

現在

agora

デジタル時計

relógio digital

分

minuto

時間

hora

週

semana

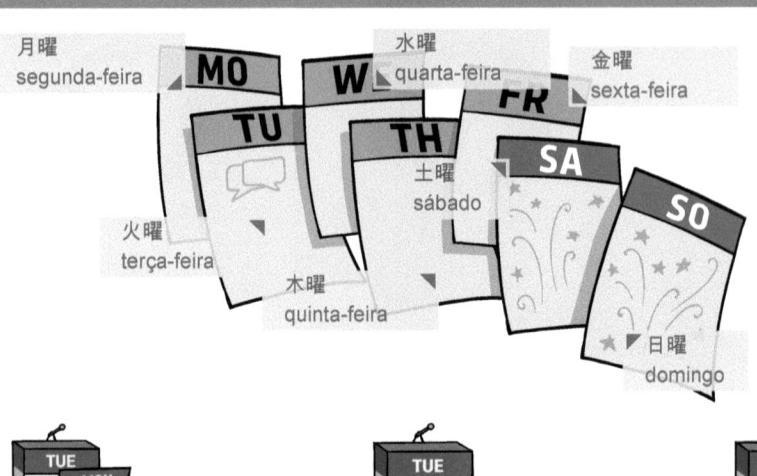

月曜
segunda-feira

火曜
terça-feira

水曜
quarta-feira

木曜
quinta-feira

金曜
sexta-feira

土曜
sábado

日曜
domingo

昨日
ontem

今日
hoje

明日
amanhã

朝
manhã

昼
meio-dia

夜
entardecer

営業日
dias úteis

週末
fim de semana

年
ano

雨
chuva
虹
arco-íris
雪
neve
風
vento
春
primavera
秋
outono
夏
verão
冬
inverno

4.APRIL 11°
5.APRIL 4°
6.APRIL 13°
7.APRIL 8°
8.APRIL 10°

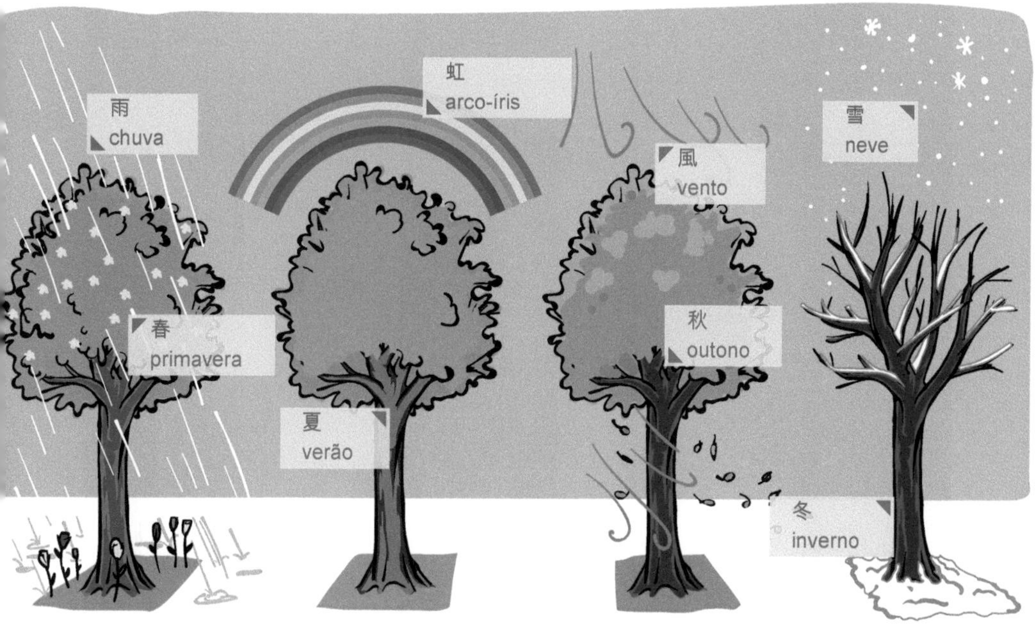

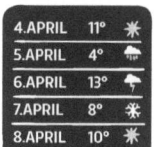

天気予報

previsão do tempo

F
C

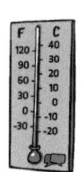

温度計

termômetro

日差し

raio de sol

雲

nuvem

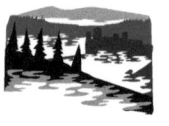

霧

neblina / nevoeiro

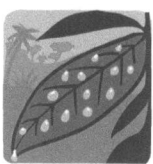

湿度

umidade do ar

雷

relâmpago

雷

trovão

嵐

tempestade

ひょう

granizo

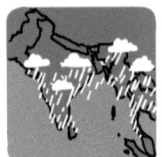

季節風

monção

洪水

inundação

氷

gelo

1月

janeiro

2月

fevereiro

3月

março

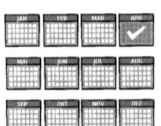

4月

abril

5月

maio

6月

junho

7月

julho

8月

agosto

年 - ano

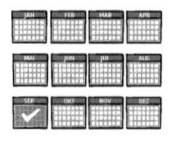

9月
....
setembro

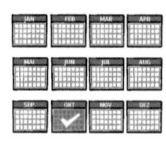

10月
....
outubro

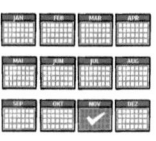

11月
....
novembro

12月
....
dezembro

形

formas

円
....
círculo

正方形
....
quadrado

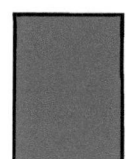

長方形
....
retângulo

三角
....
triângulo

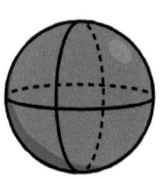

球
....
esfera

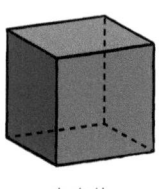

立方体
....
cubo

白
branco

黄
amarelo

オレンジ
laranja

ピンク
rosa

赤
vermelho

紫
lilás

青
azul

緑
verde

茶
marrom

灰色
cinza

黒
preto

多い ／ 少ない

muito / pouco

怒っている ／
落ち着いている

furioso / tranquilo

美しい ／ 醜い

lindo / feio

初め ／ 終わり

começo / fim

大きい ／ 小さい

grande / pequeno

明るい ／ 暗い

claro / escuro

兄弟 ／ 姉妹

irmão / irmã

清潔な ／ 汚い

limpo / sujo

完全な ／ 不完全な

completo / incompleto

日中 ／ 夜

dia / noite

死んだ ／ 生きている

morto / vivo

幅広い ／ 狭い

largo / estreito

食べられる　/
食べられない
comestível / não comestível

悪意のある　/　親切な
mau / gentil

興奮している　/
退屈している
entusiasmado / entediado

太った　/　痩せた
gordo / magro

最初に　/　最後に
primeiro / último

友人　/　敵
amigo / inimigo

いっぱいの　/　空の
cheio / vazio

硬い　/　柔らかい
duro / macio

重い　/　軽い
pesado / leve

空腹　/　喉の渇き
fome / sede

病気の　/　健康な
doente / saudável

違法な　/　合法な
ilegal / legal

賢い　/　愚かな
inteligente / idiota

左に　/　右に
esquerda / direita

近い　/　遠い
perto / longe

新しい / 中古の

novo / usado

何もない / 何かある

nada / alguma coisa

老いた / 若い

velho / jovem

オン / オフ

ligado / desligado

開いている /
閉まっている

aberto / fechado

静かな / うるさい

baixo / alto

裕福な / 貧乏な

rico / pobre

正しい / 間違っている

certo / errado

粗い / なめらか

áspero / liso

悲しい / 幸せな

triste / feliz

短い / 長い

curto / longo

ゆっくり / 速い

lento / rápido

濡れた / 乾いた

molhado / seco

温かい / 冷たい

ameno / fresco

戦争 / 平和

guerra / paz

反対 - opostos

0

ゼロ

zero

1

1

um

2

2

dois

3

3

três

4

4

quatro

5

5

cinco

6

6

seis

7

7

sete

8

8

oito

9

9

nove

10

10

dez

11

11

onze

12

12
doze

13

13
treze

14

14
quatorze

15

15
quinze

16

16
dezesseis

17

17
dezessete

18

18
dezoito

19

19
dezenove

20

20
vinte

100

100
cem

1.000

1000
mil

1.000.000

100万
milhão

英語

inglês

アメリカ英語

inglês americano

中国標準語

chinês mandarim

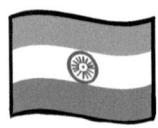

ヒンディー語

hindi

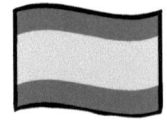

スペイン語

espanhol

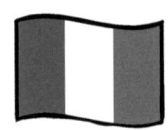

フランス語

francês

アラビア語

árabe

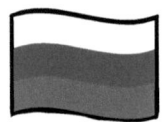

ロシア語

russo

ポルトガル語

português

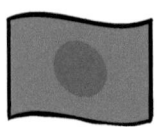

ベンガル語

bengalês

ドイツ語

alemão

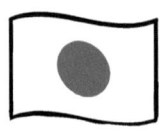

日本語

japonês

私

eu

あなた

você

彼 / 彼女 / それ

ele / ela

私たち

nós

あなたたち

vocês

彼ら

eles / elas

誰？

quem?

何？

O quê?

どうやって？

como?

どこ？

onde?

いつ？

Quando?

名前

nome

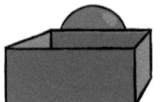

後ろ

atrás

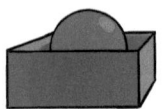

中

em

前

na frente de

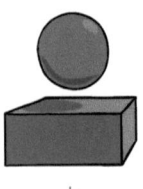

上

sobre

上

em cima

下

debaixo

横

do lado

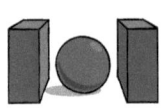

間

entre

場所

lugar